Laurent Jouvet – Krystelle Jambon

Guyane Express

AF177615

Ernst Klett Schulbuchverlage
Stuttgart · Leipzig

Table des matières

1. Auflage   1   13 12 | 2022 21

Alle Drucke dieser Auflage sind unverändert und können im Unterricht nebeneinander verwendet werden. Die letzten Zahlen bezeichnen jeweils die Auflage und das Jahr des Druckes.

Redaktion: Sonia Blin
Illustrationen: Sepp Buchegger, Tübingen; Sven Palmowski, Stuttgart (S.5).
Umschlag: Sabine Koch, Stuttgart.
Druck: Plump Druck und Medien GmbH, Rheinbreitbach.
Printed in Germany.
ISBN 978-3-12-591855-9

9 783125 918559

Liebe Schülerinnen und Schüler!

Lesen sollte vor allem Spaß machen. Deswegen findet ihr in *Guyane Express* nicht nur ein spannendes Thema, sondern ihr werdet durch Patrick einen neuen Teil Frankreichs kennen lernen: das Département Französisch-Guayana in Südamerika.

Ihr werdet feststellen, dass die Sprache in dieser Geschichte anders klingt als die, der ihr im Lehrbuch begegnet seid. Französische Jugendliche benutzen nämlich gerne das *français familier,* die Umgangssprache. So auch Patrick, der Held dieser Geschichte.

Hier sind ein paar typische Merkmale des *français familier:*

* Vokale werden oft verschluckt: z.B. *t'es sûr* statt *tu es sûr* (S. 18).

* Bei Verneinungen fällt das *ne* oft weg: anstelle von *ils ne savent toujours rien* heißt es *ils savent toujours rien* (S. 7); für *il ne dit pas* steht *il dit pas* (S. 15).

Wir wünschen euch viel Spaß mit *Guyane Express*!

Avant la lecture

1. Le titre

Lisez le titre.
a) Est-ce que vous avez déjà lu le mot « Guyane » ?
b) A quoi est-ce que ça vous fait penser ?

2. La couverture *(Umschlag)*

Regardez le dessin de la couverture.
a) On est où ? Décrivez.
b) Comment trouvez-vous la maison ?

3. La table des matières *(Inhaltsverzeichnis)*

Lisez les titres de la table des matières.
a) A quoi pensez-vous ?
b) A votre avis *(eurer Meinung nach)*, qu'est-ce que va raconter cette histoire ? Imaginez.

4. Les illustrations *(Bilder)*

Regardez les illustrations.
a) Est-ce qu'elles vont avec votre résumé ?
b) Est-ce que cela vous donne des précisions sur l'histoire ?

5. La quatrième de couverture *(Rückentext)*

A l'aide de la quatrième de couverture et de la table des matières, imaginez l'histoire.

La Guyane française

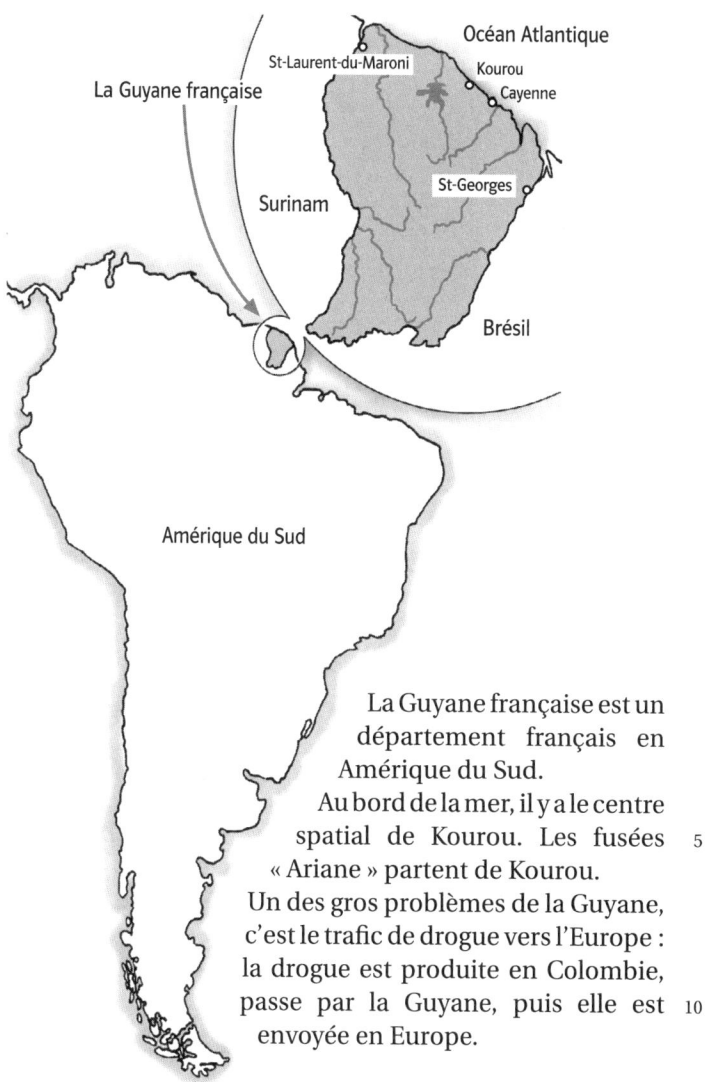

La Guyane française est un département français en Amérique du Sud.

Au bord de la mer, il y a le centre spatial de Kourou. Les fusées 5 « Ariane » partent de Kourou.

Un des gros problèmes de la Guyane, c'est le trafic de drogue vers l'Europe : la drogue est produite en Colombie, passe par la Guyane, puis elle est 10 envoyée en Europe.

---

2 **un département** frz. Verwaltungsbezirk – 4 **un centre spatial** Raumfahrtszentrum – 5 **une fusée** Rakete – 8 **un trafic** Schmuggel – 9 **produit,e** hergestellt – 10 **passer par** fahren über – 11 **envoyer** schicken

1 Pierre Mermot a disparu !

Pierre Mermot et sa femme Anne habitent au Havre au bord de la mer. Leur fils Patrick, 15 ans, est en seconde au lycée maritime du Havre.
Pierre et son frère Jean ont une compagnie maritime dans
5 *le port du Havre : « Guyane Express ». Leurs bateaux transportent des marchandises entre le Havre et Cayenne, en Guyane française.*
Les bateaux de Guyane Express mettent deux semaines pour aller en Guyane. Ils restent quelques jours à Cayenne, puis
10 *ils repartent vers la France avec d'autres marchandises.*
Jean et Pierre accompagnent parfois leurs bateaux pour voir si tout va bien au bureau de la compagnie, à Cayenne.
Le père de Patrick est parti pour Cayenne il y a maintenant trois semaines. Il est bien arrivé avec son bateau, mais le
15 *lendemain, il n'est pas allé au bureau de la compagnie. Et depuis, il a disparu.*
Au Havre, la famille de Pierre est inquiète…

2 Nous partons demain

Aujourd'hui dimanche, Patrick descend prendre le petit-
20 *déjeuner avec sa mère. Son père a disparu depuis une semaine. Dans la cuisine, l'ambiance est triste.*
Patrick : Alors, maman, on a des nouvelles de papa ?
Anne : Non, Patrick. La police n'a pas appelé.
Patrick : Alors c'est qu'ils savent toujours rien. Et Jean ?

---

il/elle a disparu er/sie ist verschwunden – 3 **maritime** See- – 4 **une compagnie maritime** Seetransporter – 5 **un port** Hafen – 5 **transporter** befördern – 6 **une marchandise** Ware – 11 **accompagner** begleiten – 11 **parfois** manchmal – 12 **si** *ici:* ob – 13 **il y a** (+ *Zeitangabe*) vor – 15 **un bureau** Büro – 16 **depuis** seitdem, seit – 17 **inquiet, -ète** besorgt – 22 **une nouvelle** Nachricht – 24 **ils savent** sie wissen

ANNE : Ton oncle a téléphoné ce matin. Il a les billets d'avion pour la Guyane. Nous partons demain de l'aéroport d'Orly.

PATRICK : A quelle heure ?

ANNE : L'avion est à 10h45. Il faut deux heures pour aller du Havre à l'aéroport. Nous partons de la maison à 6h30 demain matin. 5

PATRICK : On doit arriver deux heures avant, à l'aéroport ?

ANNE : Tu sais, c'est un vol international, il y a beaucoup de contrôles. Et puis je ne voudrais pas rater l'avion. Je veux arriver vite en Guyane. 10

PATRICK : On peut faire quelque chose ?

ANNE : Je ne sais pas. Mais au moins nous allons être là-bas.

Le téléphone sonne. La mère de Patrick sort de la cuisine.

PATRICK : Moi, je vais retrouver mon père ! 15

---

1 **un avion** Flugzeug – 2 **un aéroport** Flughafen – 9 **tu sais** du weißt – 9 **un vol** *ici:* Flug – 10 **un contrôle** Kontrolle

3 Chantage en Guyane

En Guyane, Pierre est prisonnier dans une petite maison.
Il ne sait pas pourquoi. Deux hommes sont venus la nuit
sur son bateau et l'ont enlevé. Ces hommes lui donnent à
manger, mais ils ne lui parlent pas et ne répondent pas à
5 *ses questions.*

La forêt tropicale en Guyane

Tout à coup, un homme entre. Pierre ne le connaît pas. Les
deux hommes l'appellent « Commandant ». Le Comman-
dant est très grand et tout de suite, Pierre a peur de lui. Il est
très bien habillé, mais il n'est pas sympathique. Il ne regarde
10 *pas Pierre dans les yeux. Pierre l'a déjà vu, mais où ? C'est*
un client de Guyane Express ?

---

un chantage Erpressung – 1 **prisonnier, -ière** gefangen, in Gefangenschaft –
2 **il/elle sait** er/sie weiß – 3 **enlever** entführen – 9 **bien habillé,e** gut angezogen

LE COMMANDANT : Bonjour, monsieur Pierre Mermot, ça va bien ? Vous êtes bien chez moi ? Ah, ah !

PIERRE : Pourquoi est-ce que je suis prisonnier ? Vous êtes qui ? Vous n'avez pas le droit ! La police va me chercher… 5

LE COMMANDANT : La police ? Bof. Je n'ai pas peur de la police. Elle ne va sûrement pas venir ici. Nous sommes perdus dans la forêt tropicale. Et la forêt de Guyane, c'est grand, très grand même…

PIERRE : Qu'est-ce que vous voulez ? De l'argent ? 10

LE COMMANDANT *(en colère)* : De l'argent ? Mais non ! Tu m'as volé quelque chose et je le veux.

PIERRE : Moi ? Mais qu'est-ce que je vous ai volé ?

LE COMMANDANT : Tu le sais très bien. J'ai mis de la marchandise sur ton bateau, à Cayenne. D'accord, je ne 15 t'ai rien dit et je n'ai pas payé pour ça. Mais toi, tu l'as trouvée quand le bateau est arrivé au Havre et tu l'as prise. Mais maintenant tu vas me rendre cette marchandise.

PIERRE : Quelle « marchandise » ? Je ne comprends rien. 20

LE COMMANDANT : Tu vas comprendre très vite. Je ne rigole pas. Mes hommes n'ont pas retrouvé MA marchandise sur TON bateau, en France. Où est-ce que tu l'as mise ?

PIERRE : Où est-ce que j'ai mis quoi ? Je vous dis que je ne 25 comprends pas. C'est quoi, cette marchandise ?

LE COMMANDANT : 20 kilos de drogue, tu le sais très bien ! C'est toi ! Tu les as trouvés sur ton bateau et tu les as volés.

PIERRE : De la drogue ? Jamais ! Ce n'est pas vrai ! Je n'ai jamais vu de drogue sur mon bateau ! 30

LE COMMANDANT : Je ne vais pas discuter avec toi. On va téléphoner à ton frère et tu vas lui dire de me rendre la drogue. Je suis sûr que vous avez fait ça ensemble. S'il ne veut pas, tu es un homme mort. Désolé.

---

4 **avoir le droit** das Recht haben – 7 **sûrement** sicher – 8 **une forêt** Wald – 8 **tropical,e** tropisch – 16 **payer** (be)zahlen – 18 **rendre** zurückgeben – 33 **être sûr,e que** sicher sein, dass – 34 **mort,e** tot

4 A l'aéroport

A l'aéroport d'Orly, les Mermot attendent le départ de l'avion pour la Guyane. Les autres passagers sont contents parce qu'ils vont passer leurs vacances en Guyane. Là-bas il fait chaud, il y a la mer et les plages blanches.
Mais les Mermot sont tristes et déprimés : est-ce qu'ils vont 5
retrouver Pierre ? L'oncle de Patrick, Jean, lui parle de la Guyane pour lui changer les idées.

JEAN : On va d'abord retrouver ton père. Et après, on peut te montrer les plages et les belles forêts tropicales de Guyane. Tu sais, il y a beaucoup d'animaux dans la 10 forêt : on voit surtout des oiseaux et des insectes, mais on peut aussi trouver des crocodiles ou des serpents.

Une plage en Guyane

PATRICK : Et le bagne de Cayenne, on peut le visiter ?
JEAN : Oui, bien sûr. Mais ce n'est pas un endroit très sympa. Il y a eu des prisonniers jusqu'en 1938. La France a 15 envoyé 80000 prisonniers en Guyane. On peut aussi aller à Kourou. C'est à trente kilomètres de Cayenne.

---

2 **un,e passager, -ère** Passagier – 5 **déprimé,e** deprimiert – 7 **changer les idées** f. **à qn** jdn auf andere Gedanken bringen – 10 **un animal** Tier – 11 **un oiseau** Vogel – 12 **un serpent** Schlange – 13 **un bagne** Gefängnis mit Zwangsarbeit – 14 **un endroit** Ort

PATRICK : Le centre spatial ?

JEAN : Oui, c'est ça. C'est au bord de la mer. On peut voir les fusées Ariane en vrai.

ANNE : Quand est-ce qu'on part, Jean ? L'avion est en retard,
5   ou quoi ?

JEAN : On embarque dans dix minutes. Tu ne vas pas bien ?

ANNE : Je suis très fatiguée. Je n'ai pas dormi cette nuit.

JEAN : Je suis sûr qu'on va retrouver Pierre ! Et puis tu vas pouvoir dormir dans l'avion. Tu vas avoir le temps, il y
10   a 9 heures de vol.

PATRICK : Et avec le décalage horaire, on arrive là-bas à 15h50. On a encore le reste de la journée pour chercher papa. Il a peut-être eu un accident, il est peut-être à l'hôpital…

15 JEAN : Je ne sais pas. On va voir… Ah, voilà, on embarque. Venez.

5 Le coup de téléphone de Pierre

Le Commandant donne un portable à Pierre.

LE COMMANDANT : Bon, tu vas téléphoner à ton frère. Tu vas
20   lui dire que je veux ma marchandise !

PIERRE : Mais je vous ai déjà dit qu'on n'a jamais vu cette drogue !

LE COMMANDANT : Tu mens ! Ton frère et toi, vous m'avez volé ! Et dis à ton frère que je veux la drogue dans
25   24 heures, au Havre. Mes hommes vont venir la chercher dans son appartement.

PIERRE : Mais mon frère n'a pas votre drogue ! S'il ne l'a pas, il ne peut pas vous la donner !

LE COMMANDANT : Tu lui téléphones ! Et je veux la drogue. Si
30   je n'ai pas la marchandise dans 24 heures, tu es mort ! Tu as compris ?

---

3 **en vrai** in echt – 6 **embarquer** einsteigen – 11 **le décalage horaire** Zeitverschiebung

Pierre prend le téléphone et fait le numéro du portable de Jean.

PIERRE : Allô, Jean ?… Oui, c'est moi, Pierre… Oui, oui, je vais bien… Non, je n'ai pas eu d'accident… Quoi ? Vous êtes où ?… 5

6 Arrivée en Guyane

Pendant ce temps, les Mermot sont enfin arrivés à Cayenne. Il fait déjà très chaud et ils veulent prendre un taxi pour aller à l'hôtel. Ils vont sortir de l'aéroport quand, tout à coup, le portable de Jean sonne. 10

JEAN : Désolé, une minute, c'est mon portable. Je reviens tout de suite. … Allô ?… Oui, c'est Jean… Pierre ! Tu vas bien ? Où est-ce que tu es ? Tu as eu un accident ? Non ?… Ecoute, je suis déjà à Cayenne avec Anne et Patrick. Nous sommes venus pour te chercher… Quoi ? 15 On t'a enlevé ? Tu es prisonnier ?… Quoi ? De la drogue ? Mais quelle drogue ?… 24 heures ? Mais comment je vais faire ?… Il ne faut pas appeler la police ? Il ne faut rien dire à Anne ? Mais… Allô ?… Allô ?…

Jean revient vers sa famille. Anne ne remarque rien, elle est 20 *beaucoup trop déprimée. Mais Patrick trouve que son oncle est bizarre.*

PATRICK : C'est qui ? La police ?

JEAN : Euh, non, non !… C'est… euh… ce n'est pas important, c'est pour Guyane Express… Bon, on prend un taxi ? 25

Patrick regarde Jean : est-ce que son oncle ment ? Il sait quelque chose et il ne veut pas le dire. Qui l'a appelé ? Tout à coup, un homme vient vers eux.

JEAN : Tiens ! C'est Jurek !

PATRICK : C'est qui ? 30

JEAN : Il travaille pour nous à Guyane Express. Mais pourquoi il est là ? C'est bizarre.

---

11 **revenir** zurückkommen – 20 **remarquer** bemerken

PATRICK : Pourquoi, bizarre ?

JEAN : Je lui ai téléphoné hier et… Bonjour Jurek !

JUREK : Bonjour, monsieur Mermot ! Finalement, j'ai trouvé
le temps de venir vous chercher. Je vais vous conduire
5   à l'hôtel, comme ça vous n'avez pas besoin de prendre
un taxi.

7 La fuite

Pierre rend le portable.

LE COMMANDANT : Je vais revenir demain matin. Si ton frère
10   n'a rien fait, tu es mort. Et puis je sais que ta femme et
ton fils sont ici, en Guyane. Tu ne veux pas qu'il leur
arrive quelque chose, hein ? Je laisse un peu de temps
à ton frère pour réfléchir.

Le Commandant sort. Il discute avec les deux hommes
15 *devant la maison, puis prend sa voiture et part.*
Les hommes ont oublié de fermer la porte à clé… Pierre
sort de la pièce sans faire de bruit. Dans une autre pièce,
il trouve une fenêtre à l'arrière de la maison. Il l'ouvre et
saute à l'extérieur. Quelle chance ! Les hommes ne l'ont pas
20 *entendu !*
Pierre court vers la forêt, puis il entend les deux hommes
crier, mais c'est trop tard, il est déjà derrière les arbres et on
ne le voit plus…

---

3 **finalement** schließlich – 4 **conduire** fahren – 5 **avoir besoin de** brauchen –
7 **une fuite** Flucht – 8 **rendre** zurückgeben – 10 **puis** dann – 12 **qc arrive à qn** jdm
passiert etwas – 16 **fermer à clé** f. verschließen – 17 **un bruit** Lärm – 17 **une pièce**
Zimmer – 18 **une fenêtre** Fenster – 18 **l'arrière** m. Rückseite – 19 **sauter** springen –
20 **entendre** hören – 21 **il/elle court** er/sie rennt – 22 **un arbre** Baum

8 Jurek ne dit pas la vérité

Dans la voiture, Jean et Anne parlent avec Jurek de Guyane Express et de Pierre.

JUREK : J'ai vu votre frère quand le bateau est arrivé, samedi après-midi. Mais le lendemain, il n'est pas venu au bureau. J'ai trouvé ça bizarre, mais bon… 5

PATRICK : Il a dormi à l'hôtel ?

JUREK : Non, il n'est pas allé à l'hôtel samedi soir. Il n'a pas non plus dormi sur le bateau.

PATRICK : Comment vous le savez ?

ANNE : Patrick ! Laisse monsieur Jurek parler ! Vous pensez 10 que Pierre a eu un accident ?

JUREK : Je ne sais pas, madame. Mais il n'est pas à l'hôpital non plus. Il est peut-être parti en vacances ? Non ?

ANNE : Quoi ? En vacances ? Mais vous dites n'importe quoi ! Pierre me téléphone tous les soirs. Samedi 15 dernier il n'a pas appelé et depuis, plus rien…

JUREK : Euh oui, vous avez raison. Pardon, madame…

PATRICK : On l'a peut-être enlevé, non ?

JUREK *(hésite)* : Enlevé… ? Euh… mais non, pourquoi ? Quelle drôle d'idée ! Non, non, on ne l'a pas enlevé. 20

PATRICK *(pense)* : Ce Jurek me plaît pas du tout. Il nous regarde pas dans les yeux. Et il dit pas la vérité non plus. Pourtant, il sait quelque chose, comme Jean. Mais pourquoi ils mentent ? Moi, je veux retrouver mon père et je vais faire mon enquête ! 25

---

14 **n'importe quoi** *ici:* Blödsinn – 15 **tous les soirs** jeden Abend – 16 **dernier, -ière** premier – 16 **appeler qn** téléphoner à qn – 16 **plus rien** nichts mehr – 19 **hésiter** zögern

9 Seul dans la forêt

Pierre Mermot a marché dans la forêt toute la soirée. Il n'a pas dormi dans la forêt, à cause des insectes.
Le lendemain, il a mangé des fruits et il a beaucoup marché.
Il est très fatigué, mais les hommes du Commandant ne
5 *l'ont pas retrouvé ! Il arrive maintenant près d'une route, et il marche en direction de Cayenne.*

PIERRE : Une voiture ! Qu'est-ce que je fais ? Ce sont peut-être les hommes du Commandant… S'ils me trouvent, je suis mort… Non, je reste caché, c'est plus prudent…
10 Ça y est, la voiture est partie. Le Commandant sait qu'Anne et Patrick sont en Guyane. Mais comment est-ce qu'il l'a appris ? Et comment les retrouver ? Je n'ai pas de téléphone, pas d'argent… Et je suis perdu sur la route, dans cette forêt… Ah ! Un panneau ! « Cayenne
15 12 km » Je dois à tout prix essayer de trouver Anne, Patrick et Jean et puis aller à la police… Il est six heures de l'après-midi… Je vais arriver dans la soirée. Je vais aller au bureau de Guyane Express, avec un peu de chance, Jean va aller sur le port…

---

seul,e allein – 1 **marcher** laufen – 5 **une route** Straße – 9 **cacher** verstecken –
9 **prudent** vorsichtig – 12 **apprendre** *ici:* erfahren – 14 **un panneau** (Straßen)
Schild – 15 **à tout prix** unbedingt

10 A Cayenne

Les Mermot arrivent à Cayenne. Ils passent devant la place
des palmistes avec ses maisons créoles, puis devant la statue
de Victor Schoelcher : il a travaillé à abolir l'esclavage dans
les colonies françaises, en 1848.

La place des palmistes

Mais Patrick et sa mère sont trop inquiets et ne regardent   5
pas vraiment la ville. Jurek les laisse à l'hôtel. Puis Anne,
Jean et Patrick vont au commissariat. La police n'a toujours
pas retrouvé Pierre. Il a disparu, sans laisser de trace.
Ils reviennent à l'hôtel, mangent et attendent. Mais ils
attendent quoi ? Un coup de téléphone de la police ? Des   10
nouvelles de Pierre ? Ils sont déprimés.
Une journée passe. Le lendemain, dans l'après-midi, Jean
veut sortir.

JEAN : Je vais aller sur le port. Je vais d'abord sur le bateau,
puis au bureau. Je dois discuter avec Jurek des pro-   15
chains transports de Guyane Express. Vous venez avec
moi ?

---

2 **créole** kreolisch – 3 **abolir** abschaffen – 3 **l'esclavage** *m.* Sklaverei – 8 **une trace**
Spur

ANNE : Non, je vais rester ici, et aller dormir tôt. Je suis fatiguée. Et puis, si la police téléphone, je suis là. Va avec ton oncle, Patrick, ça va te changer les idées. Mais ne rentrez pas trop tard.

5 PATRICK : Oui, je vais aller avec Jean sur le port. A tout à l'heure, maman.

ANNE : A tout à l'heure… Ou à demain ! Je reste dans ma chambre.

11 Question de confiance

10 *Patrick et Jean sortent de l'hôtel, ils prennent un taxi et vont sur le port.*

PATRICK : Comment tu trouves Jurek ? Moi, j'ai pas confiance.

JEAN : Euh… Oui, je ne sais pas. Je ne le connais pas bien
15 et pourtant, il travaille pour nous depuis longtemps. Mais tu sais, je ne l'ai pas vu beaucoup.

PATRICK : Je suis sûr qu'il sait quelque chose !

JEAN : Ah bon ?

PATRICK : Et toi alors ? Tu sais rien ?

20 JEAN : Moi ? Mais non, pourquoi tu dis ça ?

PATRICK : T'es sûr ? Hier, à l'aéroport, je t'ai trouvé bizarre après le coup de téléphone. Je suis sûr que tu sais aussi quelque chose et tu veux pas le dire.

JEAN : Mais non, tu dis n'importe quoi !

25 PATRICK : Ou alors tu peux rien dire.

JEAN : Mais je n'ai rien à dire !

Dans la voiture, l'ambiance est tendue. Jean et Patrick ne parlent plus. Quand ils arrivent sur le port, Jean monte sur le bateau. Mais Patrick dit à son oncle qu'il préfère visiter
30 *le port. En fait, il veut être seul pour faire son enquête et trouver des informations sur son père. Il veut poser des*

---

1 **tôt** ≠ tard – 9 **la confiance** Vertrauen – 27 **tendu,e** angespannt

questions aux gens du port et regarder partout pour chercher des indices. Patrick parle aussi aux marins du bateau de Guyane Express. Il pose des questions sur son père, sur son oncle et sur Jurek. Mais quand Patrick parle de Jurek, les marins ne disent plus rien. Est-ce qu'ils savent 5 *quelque chose, ou bien est-ce qu'ils n'aiment pas Jurek ?*

12 Pierre retrouve Jurek

Le soir, Pierre arrive sur le port. Par la fenêtre du bureau de Guyane Express, il voit Jurek mais pas son frère. Il ne voit pas non plus les hommes du Commandant. Ouf! Il va 10 *parler à Jurek, retrouver sa famille et vite aller à la police. Il entre dans le bureau.*

JUREK : Monsieur Mermot ! Mais… mais qu'est-ce que vous faites là ?… On vous cherche partout !

PIERRE : On m'a enlevé. Je suis en danger. Des hommes me 15 cherchent. Je dois vite retrouver ma famille et aller au commissariat.

JUREK : Mais qui vous a enlevé, et pourquoi ?

PIERRE : C'est un homme. On l'appelle « le Commandant ». Vous le connaissez ? 20

JUREK : Le Commandant ? Non, je n'ai jamais entendu parler de cet homme. Et pourquoi est-ce qu'on vous a enlevé ?

PIERRE : Je ne peux pas vous expliquer ça maintenant, nous n'avons vraiment pas le temps. Où est ma famille ? 25

JUREK : Euh… Elle est à l'hôtel Amazonia, euh… non, non, à l'hôtel Novotel dans le centre de Cayenne. Oui, c'est ça, Novotel.

PIERRE : Jurek, est-ce que vous pouvez aller les chercher tout de suite ? Moi, je ne peux pas sortir sur le port. 30 C'est trop dangereux. Mais ma famille aussi est en danger. Faites vite, s'il vous plaît.

---

2 **un indice** Indiz – 2 **un marin** Seemann – 8 **par** *ici:* aus – 15 **un danger** → dangereux

JUREK : Euh… Oui, bien sûr, je vais à l'hôtel tout de suite. Vous, vous restez là. Je ferme le bureau à clé, comme ça vous êtes en sécurité, personne ne peut entrer. Puis je reviens avec votre famille.

5 PIERRE : Vous n'avez rien à manger ici ? Je n'ai pas mangé depuis hier et j'ai très soif aussi.

JUREK : Il y a de l'eau dans le frigo. Je vous apporte à manger tout à l'heure.

Jurek sort du bureau et ferme la porte à clé. Mais il ne va 10 *pas à l'hôtel…*

13 Un coup de téléphone important

Pendant ce temps, Patrick marche sur le port. C'est le soir, il n'y a personne dans la rue. Patrick n'a toujours pas trouvé d'indices. Il a parlé avec des marins dans des bistrots, mais 15 *ils ne savent rien… ou ne veulent rien dire.*
Patrick arrive dans une rue déserte… ou presque : en fait, il y a un homme dans cette rue. Il fait noir et l'homme ne voit pas Patrick. Patrick le reconnaît : c'est Jurek ! Mais qu'est-ce qu'il fait là ? Pourquoi est-ce qu'il n'est pas avec Jean ? Jurek 20 *prend son portable et téléphone. Patrick écoute.*

JUREK : Allô ? Commandant ? C'est Jurek. J'ai retrouvé Pierre Mermot ! Il est dans le bureau de Guyane Express… Non, il ne peut pas partir, j'ai fermé la porte à clé. Il veut voir sa famille… Non, il ne va pas téléphoner, j'ai dit à 25 Mermot que je vais chercher sa famille et il m'attend dans le bureau. Il ne connaît pas non plus l'hôtel où est sa famille, je lui ai menti. Alors qu'est-ce que je fais ?… O.K., je vais d'abord lui chercher à manger, puis je vais au bureau. Je lui dis que je suis allé voir sa famille et 30 qu'elle arrive. Vous venez tout de suite ? J'attends avec Mermot dans le bureau. A tout de suite.

---

3 **la sécurité** Sicherheit – 14 **un bistrot** Kneipe – 16 **désert,e** menschenleer – 17 **il fait noir** es ist dunkel

Jurek part. Dans la tête de Patrick, mille idées dansent :
son père est ici, près de lui, mais il est en danger. Jurek
aussi est dangereux. Et son oncle ? Il ne sait pas. Qui est le
Commandant ? Est-ce qu'il faut appeler la police ? Mais il
ne peut pas rester là. Où aller ? A l'hôtel ? Au commissariat ?   5
Au bateau ? Au bureau ?

14 Patrick retrouve son père

Au bureau de la compagnie, Pierre pense à Jurek. Il l'a
trouvé bizarre, pas très à l'aise. Pourquoi est-ce que Jurek
a fermé le bureau à clé ? Est-ce qu'il va vraiment chercher   10
sa famille ?
Tout à coup, on frappe à la fenêtre : c'est Patrick !
PATRICK : Papa ! Ouvre la porte, vite ! On doit partir !
PIERRE : Je ne peux pas, la porte est fermée à clé !
PATRICK : Jurek a menti. Il travaille pour un « Commandant ».   15
    Tu le connais ?
PIERRE : Oui, le Commandant m'a enlevé avec ses hommes !

---

9 **être à l'aise** *f.* sich wohl fühlen – 12 **frapper** *ici:* (an)klopfen

PATRICK : Ils vont venir te chercher. Il faut sortir d'ici tout de suite.

PIERRE : Où est maman ? Et Jean ?

PATRICK : Maman est à l'hôtel Amazonia et Jean est sur le
5   bateau. Je vais le chercher ?

PIERRE : Non, je lui téléphone. Il va venir tout de suite. Toi, tu vas chercher maman à l'hôtel et vous allez au commissariat. D'accord ? Fais attention !

Patrick part. Pierre prend le téléphone du bureau et fait le
10 *numéro de portable de son frère.*

PIERRE : Jean ? C'est moi, Pierre. Oui, ça va. Je suis au bureau de Guyane Express. Fais attention à Jurek, il est contre nous. Tu es où ? Sur le bateau ? Viens vite au bureau. Tu as la clé ?…

15 *Mais, tout à coup, quelqu'un ouvre la porte : c'est Jurek. Il tient Patrick par le bras.*

15 La fin du cauchemar

Jurek entre dans le bureau avec Patrick, il ferme la porte à clé derrière lui.

20 JUREK : Vous téléphonez à qui ? A la police ? Et toi, Patrick, qu'est-ce que tu fais ici ?

PIERRE : Vous avez menti, Jurek ! Ma famille n'est pas au Novotel, mais à l'hôtel Amazonia !

PATRICK : Et vous, vous travaillez pour le Commandant !

25 JUREK : Bravo, vous avez tout compris ! Et bien, on va l'attendre, le Commandant. Il arrive dans cinq minutes. Il va être content : il a le père et le fils ! Vous avez téléphoné à qui ?

PIERRE : Ça ne te regarde pas.

30 JUREK : Tant pis pour toi ! Mais j'entends du bruit ! C'est le Commandant.

---

8 **faire attention** *f.* aufpassen – 16 **tenir** (fest)halten – 17 **un cauchemar** Alptraum –
29 **qc regarde qn** etwas geht jdn an – 30 **tant pis** schade, Pech

Jurek regarde par la fenêtre. C'est Jean ! Il entre avec sa clé.
Jurek reste derrière Patrick, il le tient toujours par le bras.

Jurek : Bonsoir ! Toute la famille Mermot vient au bureau, ce soir ! Vous ne bougez pas, vous deux : on attend le Commandant !

Mais Patrick donne un coup de pied à Jurek et court vers
5   *son père. Les deux frères tiennent Jurek.*

Patrick : Il a pas d'arme. Il est pas dangereux. Il faut vite partir. Le Commandant va arriver, j'ai entendu Jurek. Il a appelé le Commandant.

Pierre : Nous, on téléphone vite à la police et puis on va
10   avec Jurek au commissariat. Le Commandant ne doit pas nous trouver ici.

Pierre téléphone à la police, puis ils vont vite au commissariat. Cinq minutes plus tard, la police arrive au bureau de Guyane Express et attend le Commandant. Mais
15   *les Mermot sont en sécurité au commissariat.*

16 Le début des vacances

Deux jours après, les Mermot prennent le petit-déjeuner à l'hôtel. Toute la famille est là. Ils sont contents. Pour Patrick, ce sont enfin des vacances. Cet après-midi, ils vont aller à
20   *Kourou pour voir les fusées !*
Le commissaire de Cayenne arrive.

Le commissaire : Bonjour, madame Mermot, bonjour messieurs. Vous allez bien ?

Pierre : Oui, merci, ça va mieux. Vous prenez le petit-
25   déjeuner avec nous ?

Le commissaire : Non, je ne peux pas, merci. Mais je vais vous raconter la fin de l'histoire.

Patrick : Vous connaissez la vérité, maintenant ?

Le commissaire : Oui, la drogue n'est jamais arrivée en
30   France, parce qu'elle n'est jamais partie de Cayenne !

Patrick : Ah bon ?

---

6 **une arme** Waffe

Le commissaire : Jurek a gardé la marchandise pour lui.

Patrick : Quel sale type ! On peut vraiment pas avoir confiance en lui ! On va le mettre au bagne de Cayenne ?

Le commissaire : Ah, ah ! Non, bien sûr. Mais il nous a 5 donné les noms de toutes les personnes de ce trafic. Nous avons arrêté tous les hommes du Commandant. Il n'y a plus de danger pour vous… Bon, je vais vous laisser. Bienvenue en Guyane et bonnes vacances, maintenant ! 10

La centre spatial de Kourou

---

1 **garder** behalten – 2 **un sale type** *fam.* Dreckskerl

Pendant la lecture

Scène 1
a) La famille Mermot. Complétez.

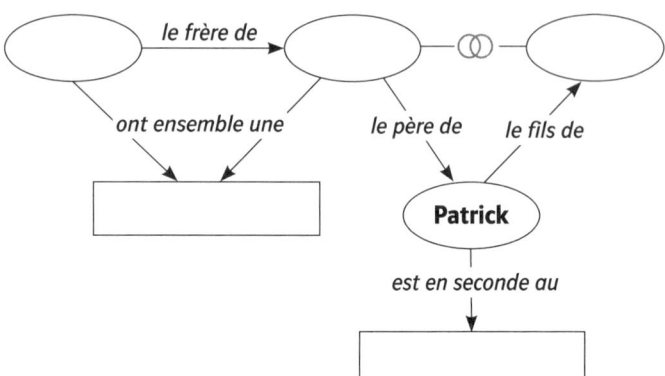

b) Monsieur Mermot a disparu depuis quatre jours. Anne Mermot va au commissariat. Imaginez un dialogue entre Anne et le/la commissaire. Jouez la scène.

Scène 2
a) Qu'est-ce que les Mermot vont faire, lundi ? Racontez leur emploi du temps.
b) Imaginez : vous allez faire un voyage en Guyane. Qu'est-ce que vous emportez avec vous ?

Scène 3
Vrai ou faux ?

	Vrai	Faux
Le Commandant a le droit d'enlever Pierre.		
Le Commandant a peur de la police.		
La « marchandise », c'est de la drogue.		
Le Commandant et Pierre sont d'accord.		
Ils vont téléphoner à Anne.		

Scène 4

Qu'est-ce qu'on peut trouver en Guyane ? Cochez les bonnes réponses. *(Kreuzt die richtigen Antworten an.)*

☐ des oiseaux ☐ un TGV ☐ des crocodiles

☐ des insectes ☐ un métro ☐ des plages

☐ un bagne ☐ la tour Eiffel ☐ la fusée Ariane

☐ des serpents ☐ une station de ski

Scène 5 et 6

Ecrivez le dialogue au téléphone entre Pierre et Jean, puis jouez la scène.

Scène 7

Remettez les phrases dans le bon ordre.
(Setzt die Sätze in die richtige Reihenfolge.)

	N°
Pierre saute par la fenêtre.	
Les hommes crient.	
Le Commandant sort de la pièce.	1
Pierre sort de la pièce.	
On ne voit plus Pierre derrière les arbres.	
Le Commandant discute avec les deux hommes.	
Les hommes n'entendent pas Pierre.	
Le Commandant part.	

Scène 8

Mettez-vous à la place de Patrick *(versetzt euch in Patricks Rolle)* : qu'est-ce que vous pensez de Jurek ? Racontez.

Scène 9
Voici un résumé de la scène 9. Recopiez le résumé, mais corrigez les erreurs *(Fehler)* !

Pierre a marché toute la journée dans la forêt. Il a bien dormi et il va super bien. Il trouve une route et il marche vers Toulouse. Une voiture arrive. Pierre pense « Ce ne sont pas les hommes du Commandant ». Il reste caché. Il est sept heures et il a un téléphone et de l'argent. Il va arriver demain et il va chercher le Commandant sur le port.

Scène 10
Reliez les phrases des colonnes A et B :

A		B
Ils ne regardent pas Cayenne		il a disparu sans laisser de trace.
La police n'a pas retrouvé Pierre		il veut discuter avec Jurek.
Anne va dormir tôt	parce que/qu'	elle attend un coup de téléphone de la police.
Jean va au port		ils sont trop inquiets.
Anne reste à l'hôtel		elle est fatiguée.

Scène 11
Patrick va dans un bistrot et parle avec un marin.
Quelles sont les questions de Patrick ? Quelle est la réaction du marin ? Ecrivez un petit dialogue.

Scènes 12 et 13
Jurek a dit « votre famille est à l'hôtel Amazonia, euh… non, non, à l'hôtel Novotel ». Pourquoi ?
1) Il a oublié le nom de l'hôtel.
2) Pour Jurek, Pierre ne doit pas retrouver sa famille.
3) Les Mermot sont à l'hôtel Novotel.

Scène 14

Complétez les phrases suivantes.

1) Jurek travaille pour…
2) Jean est sur…
3) Le Commandant et… vont venir.
4) Patrick frappe à la…
5) La… est fermée à clé.
6) Pierre téléphone à son…

Scènes 15 et 16

Retrouvez les mots manquants *(die fehlenden Wörter)* dans les phrases et écrivez-les dans la grille *(und schreibt sie in das Gitternetz ein)*, puis retrouvez le mot caché.

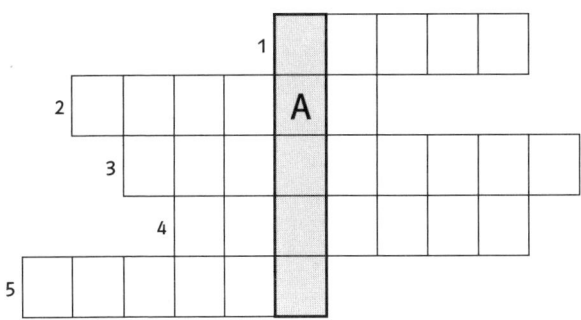

1 Jurek entend du _____ . Mais ce n'est pas le Commandant.

2 La scène 15 se passe dans le _____ de Guyane Express.

3 Jurek n'est pas _____ : il n'a pas d'arme.

4 Le Commandant va être _____ : il a le père et le fils.

5 Elle n'est jamais arrivée en France : c'est la _____ .

   Mot à trouver : Jurek ne va pas aller au _____ de Cayenne.

Après la lecture

1. Projet « Guyane »

a) A deux ou en groupe, répondez aux questions suivantes. Pour vous aider, vous pouvez regarder sur Internet (http://www.terresdeguyane.fr, http://www.tourisme-guyane.com, http://www.cr.guyane.fr) ou dans une encyclopédie.

    1. La Guyane, c'est grand comme la France, la Suisse ou le Portugal ?

    2. Quelle est la grande ville de Guyane ?

    3. Combien de personnes habitent en Guyane ?

    4. On parle quelle langue ?

    5. On paie avec quel argent ?

    6. Comment est le climat ?

b) Toujours en groupe, cherchez ensuite des photos de la Guyane et présentez en classe ce département français (présentation PowerPoint, ou un collage, ou un exposé).

2. Un peu de théâtre

En classe, vous pouvez jouer les scènes 12 à 15.

Personnages : Pierre, Jurek, Patrick, Jean. Pour chaque scène, répartissez-vous les rôles *(teilt euch die Rolle auf)*.

Lieu : Le bureau de Guyane Express, la rue devant le bureau.

Accessoires : Table et chaises dans le bureau, une « porte », un portable.

La régie : Jurek est dans le bureau, Pierre entre. Jurek sort et téléphone, mais Patrick l'entend. Patrick entre seul dans le bureau. Jurek entre dans le bureau.

Apprenez le texte, imaginez les gestes et les émotions des acteurs et… faites du théâtre !

3. Un e-mail

Patrick revient en France et écrit un e-mail à sa copine Naïma. Il raconte ses « vacances » en Guyane. Ecrivez l'e-mail de Patrick.

4. Mots croisés *(Kreuzworträtsel)*

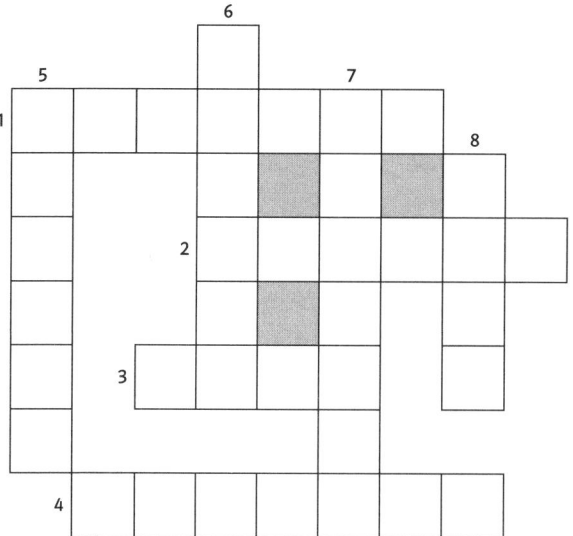

Horizontalement ⇨
1 Il va au collège maritime : c'est…
2 Un département français en Amérique : la…
3 Il parle de la Guyane à Patrick : c'est…
4 Une partie du nom de la compagnie maritime : Guyane…

Verticalement ⇩
5 Il est prisonnier du Commandant : c'est…
6 Elle n'est pas partie de Guyane, Jurek l'a gardée pour lui : c'est…
7 Une ville de Guyane : …
8 Elle se fait du souci pour monsieur Mermot : c'est…

5. Le journal

Un(e) journaliste veut raconter cette histoire de trafic de drogue et l'aventure de Pierre Mermot dans le journal de la ville.

Mettez-vous à la place de ce/cette journaliste *(versetzt euch in die Rolle des Journalisten/der Journalistin)* et travaillez en groupes de 3 à 4. Il vous faut *(ihr braucht)* :

a) un titre pour l'article : il doit être court et attirer l'attention *(die Aufmerksamkeit auf sich ziehen)* ;
b) un texte ;
c) éventuellement *(eventuell)* des illustrations (faites un dessin ou un collage).

Bildquellen

Mauritius (AGE), Mittenwald: S. 8; ESA/ESOC, Darmstadt: S. 25; laif (Hoa Qui/GUILHAUME Daniel), Köln: S. 17; f1 online digitale Bildagentur (Constant/Wallis), Frankfurt: S. 11.